AF259717

CE QUE VEULE

LES

RÉPUBLICAINS

PAR

CH.-M. LAURENT

Auteur de l'Histoire de la Bretagne républicaine

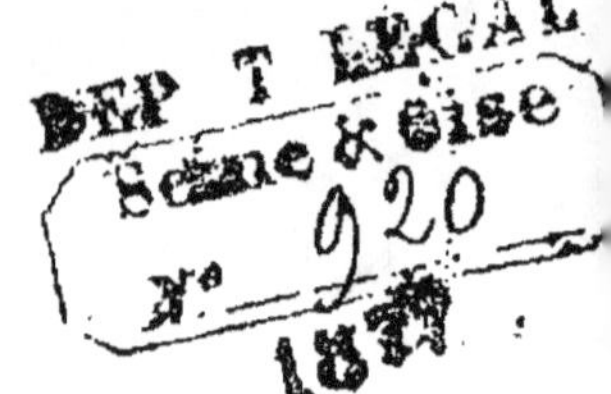

Prix : 10 centimes

PARIS

**En dépôt à la Librairie universelle de GODET jeune,
rue du Bouloi, 22, Paris**

1877

IMPRIMERIE D. BARDIN, A SAINT-GERMAIN

CE QUE VEULENT
LES RÉPUBLICAINS

Beaucoup d'électeurs des campagnes, occupés du matin au soir aux durs travaux des champs, n'ont pas le temps de lire ou de causer assez pour s'instruire et pour apprendre bien clairement ce qu'est la République, et ce que veulent les Républicains.

Ce qu'est la République, ce que veulent les Républicains, nous ne nous lasserons pas de le répéter, et ceux qui ont du temps de reste pour lire et pour apprendre ne se lasseront pas non plus de le redire aux autres.

I. — Pas de roi, pas d'empereur !

Un monarque traîne toujours à sa suite une lourde famille et de nombreux courtisans. Il n'est pas bon que la France soit la propriété d'un roi ou d'un empereur dont il lui faudrait entretenir, à grand renfort de millions, la personne, la femme, les enfants, les oncles, les tantes, les neveux, les nièces, les cousins et cousines, amis et amies, courtisans et courtisanes, sans compter les maîtresses, favoris et favorites, non-seulement à Paris, mais dans tous les départements et jusque dans les plus humbles communes; car ces gens-là sont comme le chiendent et tracent dans toutes les directions. Une fois implantés, ils dévorent tout, et il devient presque impossible de les extraire.

II. — Il faut un Président de la République.

Les Républicains ne veulent pas de roi, ni d'empereur. Ils veulent pourtant que la France ait un chef, mais un chef capable, et non pas un pauvre fou comme le fut le roi Charles VI, un coureur de filles comme le roi Louis XV, un tueur d'hommes comme l'empereur Napoléon.

Les Républicains veulent un chef qui soit payé convenablement, mais non pas follement, un Président de la République pour qui la France dépensera volontiers *huit à neuf cent mille francs* par an, et non pas CINQUANTE MILLIONS, ainsi qu'elle les dépensait maladroitement chaque année pour Napoléon III, sans compter ce que celui-ci et ses amis prenaient dans les caisses.

III. — Il faut, au bout de quelques années, pouvoir changer le chef de l'État.

Supposons que nous reprenions un roi ou un empereur, quoique cela doive nous coûter cent fois plus cher qu'un Président de la République, et supposons aussi que ce roi ou cet empereur soit capable, chose rare. Il est plus rare encore qu'un homme soit capable de gouverner sans interruption pendant toute sa vie : quand cela peut aller huit ou dix ans de suite, comme il est arrivé pour les rois Charles V, Henri IV

Louis XIV, et pour le premier consul et empereur Napoléon, c'est très-beau, mais sous le régime monarchique, cela n'a pas lieu deux fois en un siècle. Que de monarques, en effet, y compris Louis XIV et Napoléon, ont causé le malheur et la ruine de la France, parce qu'ils étaient souverains à vie, héréditaires, et que lorsqu'ils commençaient à devenir mauvais on ne pouvait pas les changer! On ne pouvait même pas leur dire qu'ils se trompaient, qu'ils avaient tort, sous peine d'être renvoyé de leur présence et souvent fourré en prison!

Il vaut beaucoup mieux que le chef de l'Etat, reconnu capable, gouverne sept à huit ans; si au bout de sept à huit ans on voit qu'il est toujours capable, toujours intelligent, la nation demeure maîtresse de le conserver à sa tête. Mais si après avoir gouverné tout ce temps-là il est usé ou affaibli, il faut que la nation puisse lui donner un remplaçant. Voilà ce que veulent les Républicains.

IV. — Le fils d'un monarque n'est pas toujours capable de succéder à son père.

Dans une monarchie, quand le roi ou l'empereur vient à mourir, son fils, qui est souvent un imbécile, lui succède, et, quelque imbécile qu'il soit, règne sur la France et sur tous les hommes intelligents qu'elle contient, et chacun se dit : « C'est dommage d'être obligé d'obéir à un nigaud pareil! » Et quand ce nigaud vient à mourir, il laisse le pays ruiné par les guerres et par les courtisans.

Les Républicains ne veulent pas de cela. Ils veulent bien que le chef de l'Etat gouverne la France tant qu'il sera capable, intelligent et bien portant; mais s'il vient à tomber en enfance ou à mourir, ils ne veulent pas que son fils, qui souvent peut bien n'être qu'un sot, ait le droit de diriger et de gouverner après lui. Les Républicains veulent que, en cas de folie ou de mort du chef de l'Etat, ce soit la France elle-même, ou bien l'Assemblée nationale, qui choisisse l'homme le plus capable d'être à la tête du pays.

V. — Chaque commune de France est une petite République, la France entière doit être une grande République.

Seriez-vous content, électeur de la campagne, qui labourez péniblement votre coin de terre au fond de votre commune, seriez-vous content si un gouvernement quelconque venait vous dire : « Laboureur, à partir d'aujourd'hui, M. le maire de la commune va devenir un petit roi ; il régnera sur le bourg, sur les habitants, sur les propriétés ; vous vous cotiserez tous pour lui donner vingt mille francs d'appointements par an ; il vous désignera lui-même tous les cinq ans les noms des conseillers que vous devrez nommer, afin que les conseillers approuvent toujours tout ce qu'il lui passera par la tête de faire ; quand il mourra, ce sera son fils qui lui succédera à la mairie en qualité de petit roi de la commune, et qui continuera à toucher vingt mille francs qui lui seront payés par vos enfants, et ainsi de suite pour toute la durée des siècles... »

Vous seriez indigné, n'est-ce pas, laboureur, si un gouvernement vous tenait ce langage, et vous répondriez : « Je veux, avec tous les habitants de cette commune, pouvoir changer le maire quand il ne sera plus bon ; je ne veux pas être obligé de lui donner vingt mille francs par an, parce que bien d'autres aussi capables feront les affaires à meilleur compte ; si son fils n'est qu'un idiot, je ne veux pas que ce soit lui qui devienne maire après monsieur son père : la commune, Dieu merci, n'est pas si pauvre en hommes ; je veux choisir des conseillers qui soient dévoués aux intérêts de la commune et non pas aux intérêts de M. le maire... »

Eh bien ! laboureur, entendez bien et comprenez bien : si vous tenez ce langage, vous êtes RÉPUBLI-CAIN. Tous ceux qui parlent ainsi relativement aux affaires de leur commune sont RÉPUBBICAINS ! Si vous êtes républicain en ce qui concerne votre commune, au nom de la prospérité, de la grandeur et de l'avenir de notre pays, soyez donc aussi républicain pour la France, pour cette grande et belle France dont vous êtes un des enfants les plus utiles. Comprenez donc que ce qui est bon pour votre commune est bon pour le pays tout entier. Vous ne voudriez pas dans votre bourg d'un petit roi ou d'un petit empereur grassement payé ? Les Républicains ne veulent ni d'un petit, ni d'un grand, ni pour votre village, ni pour la France elle-même. Ils veulent que la France, ainsi que chaque commune, reste en République. N'est-ce pas, laboureur, que vous avez compris, et que vous êtes maintenant d'accord avec les Répu-blicains ?

VI. — La monarchie chassée de France.

Les Français sont fatigués des rois et des empe-reurs. Avant 1789, les laboureurs étaient effroyable-ment malheureux et misérables, de la Gascogne à la Flandre, de la Bretagne à la Provence ; ils étaient soumis au seigneur comme des bêtes à l'attelage : on voyait dans chaque village des familles entières pri-vées de pain, se nourrir pendant des mois entiers de racines et de navets pourris. La Révolution tira les laboureurs de l'esclavage et renversa l'ancienne royauté. Le premier Empire enraya la Révolution, remit en honneur les amis de l'ancien régime, fit à l'Europe des guerres continuelles, atroces et inutiles : les Français épuisés laissèrent tomber, en 1814 et en 1815, Napoléon Ier qui alla mourir à Sainte-Hélène. Depuis, ils ont chassé, en 1830, Charles X à coups de canon et à coups de fusil, parce qu'il s'était fait le domestique du Pape et des curés. Ils ont chassé, en 1848, toujours à coups de fusil, Louis-Philippe qui ne voulait donner qu'aux plus riches les places et le droit de voter. Ils ont chassé, en 1870, Napoléon III qui, au plébiscite, avait promis la paix, et qui six mois après livrait ses trois cent mille soldats à un million de Prussiens. Non, non ! plus de rois, plus d'empereurs ! La République ! grâce à laquelle on pourra changer le chef de l'Etat au bout de sept ans, en mettant un bulletin dans l'urne, sans avoir à prendre le fusil et à tirer le canon.

VII. — L'obéissance sous le régime républicain.

Les Républicains ne veulent pas de la guerre civile. Quand la France vote, tout le monde doit obéir, et c'est le Président de la République qui est chargé de faire obéir tout le monde à la volonté exprimée par la France. Avec un roi ou un empereur, on obéit à la volonté du roi ou de l'empereur ; avec un Président de la République, on obéit à la volonté de la France. Le Président commande aussi bien que le roi ; seulement le Président commande avec le concours de l'Assemblée nationale, conformément aux intérêts de la France, tandis que le roi commande conformément à ses intérêts personnels et aux intérêts de ses courtisans. Voilà la différence.

VIII. — Le Président de la République actuel.

Aujourd'hui, nous sommes en République et nous avons pour Président M. le maréchal de Mac-Mahon, duc de Magenta, qui a succédé sans coups de canon, ni coups de fusil, à M. Thiers qui était Président avant lui. Jusqu'au 16 mai dernier, M. le duc de Magenta a gouverné conformément aux désirs de la France exprimés d'abord par l'ancienne Assemblée nationale, ensuite par la nouvelle Assemblée composée du Sénat et de la Chambre des députés élue le 20 février 1876.

M. le duc avait en conséquence choisi un ministère républicain qui fonctionnait depuis quelques mois. Au commencement de mai 1877, la Chambre des députés invita le ministère à réprimer les agissements des prêtres et des évêques qui troublaient le pays par leurs intrigues politiques et qui demandaient qu'on allât faire la guerre en Italie afin de rétablir le Pape sur son trône. Le ministère répondit qu'il obéirait à la volonté de la Chambre. Quelques jours après, le 16 mai, M. le duc de Magenta renvoya son ministère républicain, congédia la Chambre, et prit un ministère dit « des curés » qui n'a cessé, depuis, de persécuter les Républicains dans toute l'étendue du pays.

IX. — Les candidats républicains et les candidats officiels.

Les laboureurs vont être bientôt appelés à prendre part à la nomination de nouveaux députés. Ils auront à choisir entre des candidats républicains et des candidats officiels. Les candidats républicains veulent conserver la République, c'est-à-dire un Président que l'on peut changer tous les sept ans, un Sénat nommé en grande partie par les conseils municipaux, une Chambre des députés nommée par tous les électeurs. Les candidats officiels, autrement dits candidats de M. de Mac-Mahon, veulent, à ce qu'ils affirment du moins, conserver la République, mais jusqu'en 1880 seulement. A cette époque, M. le duc de Magenta aura fini son temps, il s'en ira, et alors les candidats officiels (si les laboureurs les ont nommés) relèveront le trône de France : ils voudront mettre dessus les uns Henri V, les autres Louis-Philippe II, les autres Napoléon IV; il y en a qui voudront que les Français deviennent les sujets de N. S. P. le Pape. Ce sera le plus affreux gâchis qu'on puisse imaginer, ce sera la guerre civile.

Les Républicains ne voteront pas pour les candidats officiels; ils veulent conserver la forme de gouvernement existante, et ils veulent avoir des députés qui ne soient pas les serviteurs du pouvoir exécutif, mais bien les serviteurs du pays, chargés de veiller à ce que le chef de l'Etat et les ministres gouvernent comme il faut, c'est-à-dire de manière à rendre le pays prospère, et non de manière à lui causer du dommage.

X. — Impossibilité d'une nouvelle dissolution.

Beaucoup de malhonnêtes gens disent aux cultivateurs que s'ils ne votent pas pour les candidats officiels, M. le duc de Magenta renverra encore la Chambre, et la renverra toujours jusqu'à ce qu'il ait les députés qu'il veut avoir. Ceux qui disent cela trompent les cultivateurs et font à M. le Président de la République une grossière insulte dont on a tort de ne pas livrer les auteurs aux tribunaux. Que les cultivateurs se rassurent : M. le Président est un trop honnête homme pour ne pas exécuter la volonté du pays lorsque cette volonté lui sera connue. D'ailleurs, s'il se trouvait jamais un Président capable de se moquer

à ce point de la France, la Chambre aurait le droit de
le mettre en accusation perpétuelle devant le Sénat
jusqu'à ce que condamnation fût obtenue, et le suf-
frage universel finirait par avoir raison.

XI. — Si M. de Mac-Mahon donne sa démission, comment lui trouver un successeur ?

Les ennemis de la République veulent faire accroire
aux cultivateurs que, M. Thiers étant mort, les Républicains n'auraient plus personne à porter au pouvoir dans le cas où M. de Mac-Mahon, humilié d'avoir
à exécuter les volontés de la France, aimerait mieux
donner sa démission.

Que les cultivateurs ne s'y laissent pas prendre !
Les citoyens meurent, la nation reste : si l'immortel
M. Thiers nous a quittés, ses amis et ses disciples
sauront continuer son œuvre. En cas de vacance du
poste de Président de la République, n'avons-nous
pas pour le remplir M. Grévy, ancien président de
l'Assemblée nationale et de la Chambre des députés ;
M. Jules Simon, qui a déjà pris part au gouvernement
de la France avant le 16 mai, en qualité de président
du conseil des ministres, et tant d'autres dont l'énumération serait trop longue ?

Le Sénat et la Chambre des députés sauront choisir, et choisiront bien.

XII. — Les calomnies contre les Républicains.

Les citoyens qui ont envie de devenir courtisans de
Louis-Philippe II, de Napoléon IV ou de Henri V,
répandent sur les Républicains et sur leurs projets
d'innombrables et indignes calomnies. Les plus grosses
sont les plus absurdes et valent à peine l'honneur
d'être réfutées.

Ils prétendent surtout que les Républicains sont

en révolte perpétuelle contre les lois, sont ennemis de la propriété et de la religion.

Sur sept millions d'électeurs votants, cinq millions environ sont républicains. S'il fallait en croire les calomnies, il y aurait donc en France cinq millions d'ennemis des lois, de la propriété et de la religion ? Cela n'a pas le sens commun.

XIII. — Les Républicains respectent les lois.

Les Républicains ne cessent de témoigner pour les lois le respect le plus absolu. Depuis le 16 mai, ils ne craignent pas de poursuivre chaque semaine, devant les tribunaux, les ministres, les préfets, les sous-préfets et les commissaires de police, qui, au lieu de donner l'exemple du respect de ces lois, qu'ils ont mission de protéger, passent leur temps à les tourner ou à les violer. Les Républicains prouvent ainsi que, en même temps qu'ils respectent les lois, ils respectent aussi les magistrats chargés de les appliquer, et ont confiance dans leur intégrité et leur impartialité.

XIV. — Les Républicains respectent la propriété.

Comme les Républicains sont tous propriétaires, ne serait-ce que des vêtements qui les recouvrent, ils respectent la propriété ; ils la respectent si bien que ce sont eux qui, en 1792 et les années suivantes, ont permis aux cultivateurs de devenir à leur tour propriétaires, en leur fournissant les moyens d'acheter à bas prix les biens nationaux et les propriétés confisquées aux émigrés devenus soldats de la Prusse et de l'Autriche pour combattre la France.

XV. — Les Républicains respectent la religion.

Les Républicains respectent la religion, beaucoup plus que certains prêtres qui, à de certains jours, ne savent pas rester dans leurs églises et que l'on voit avec peine faire les gendarmes aux abords des salles électorales.

« Que chacun soit à son métier, disént les Républicains, ce n'est pas aux gendarmes à dire la messe, pas plus qu'aux prêtres à faire la police et à régler la politique. »

XVI. — L'instruction gratuite.

Parmi les choses si raisonnables que les Républicains veulent encore, il y a la faculté pour tous les enfants d'apprendre à lire et à écrire sans que leurs parents aient à payer des mois d'école souvent très-lourds : que de pauvres cultivateurs n'ont rien appris dans leur enfance parce que leurs parents n'étaient pas assez riches pour les envoyer en classe ! aujourd'hui qu'ils ne savent ni lire ni écrire, ils sont plus d'une fois trompés par Pierre et par Paul dans les affaires publiques, et aussi, hélas ! dans leurs affaires privées. Les Républicains veulent qu'il n'en soit plus ainsi et que l'Etat paye seul les instituteurs pour tous ceux qui voudront apprendre.

XVII. — Les réformes judiciaires.

Il y a ensuite la diminution des frais et des longueurs de la justice. Aujourd'hui, quiconque n'a pas assez d'argent est obligé de se faire donner un brevet de mendicité pour obtenir que justice lui soit rendue gratuitement. Dans les petits héritages, les frais dévorent les trois quarts et quelquefois la totalité du bien. Les lenteurs de la justice sont, dans bien des cas, si déplorables que l'on a le temps d'être ruiné cent fois avant de voir la fin d'un procès et d'obtenir raison. Les Républicains veulent changer cela.

XVIII. — Les impôts mieux répartis.

Et une plus juste répartition des impôts ! Les malheureux qui, surtout dans les villes, boivent un verre de vin ou de cidre, et mangent une bouchée de viande, payent sur ce qu'ils boivent ou sur ce qu'ils mangent autant que les millionnaires. Ceux qui ont un lopin de terre ou une bicoque de maison payent beaucoup trop en comparaison de ceux qui possèdent de vastes domaines et des châteaux. Cela n'est pas juste : les Républicains veulent, en matière d'impôt, quelque chose de plus équitable.

XIX. — Le service militaire.

Tous les jeunes citoyens qui ne sont pas assez riches sont astreints à faire cinq ans de service. La plupart des Républicains trouvent que c'est trop long : trois ans c'est assez. Et ils sont tous d'accord pour déclarer que tout le monde, celui qui a les moyens aussi bien que celui qui ne les a pas, doit servir pendant le même temps. Les Républicains sont en toutes choses partisans de l'égalité.

XX. — La République a augmenté et augmentera encore le bien-être de chacun.

On a persuadé à beaucoup de cultivateurs que l'empire les avait enrichis. La France est une terre si féconde et si prospère de sa nature, qu'il suffit d'y travailler pour s'y enrichir quelle que soit la forme du gouvernement. Napoléon III, ses courtisans, ses ministres, ses gros fonctionnaires et ses préfets, absorbaient tous les ans plus de cent millions, dont chaque famille avait à payer sa part. Il nous a fallu trouver encore *dix milliards*, c'est-à-dire *cent millions* répétés cent fois, pour payer les dettes de la guerre de Prusse, et c'est chacun de nous qui avons payé et qui payons encore tous les jours une partie de cette énorme somme. Napoléon III, au lieu d'enrichir les cultivateurs, les a donc, au contraire, empêchés de devenir aussi riches qu'ils auraient pu l'être et qu'ils le deviendraient sous la République. Déjà, depuis sept ans que nous sommes en République, ils vendent aussi bien et, dans beaucoup de localités, mieux que sous l'empire, leurs bestiaux, leur volaille, leurs œufs, leurs blés, leurs foins, etc. Cela ira mieux encore quand la République, que les monarchistes font tant souffrir, sera définitivement établie grâce au vote des habitants des campagnes.

XXI. — La République mettra la paix en Europe.

L'on n'en finirait pas s'il fallait écrire l'énumération complète de toutes les justes et utiles mesures réclamées par les Républicains.

Pour terminer par une question qui intéresse non-seulement la France, mais l'espèce humaine tout entière, tandis que les monarchistes espèrent une guerre où leurs princes et leurs généraux pourront, au prix de notre sang, acquérir de la GLOIRE, les Républicains font pour la paix les vœux les plus ardents.

Ils disent que rien n'est plus abominable que deux nations qui se ruent l'une sur l'autre à coups de canon pour arranger une affaire : deux chiens qui se déchirent dans la rue ou même deux hommes ivres qui se mettent la figure en sang sont moins méprisables. Les Républicains veulent que les peuples, au lieu de s'entre-tuer, s'entendent à l'avenir pour former un tribunal qui réglera les querelles entre les nations, de même qu'il y a des tribunaux qui règlent les querelles entre les particuliers. La République française aura sans doute l'insigne honneur de contribuer plus que toute autre à l'établissement en Europe d'un tribunal qui jugera les peuples et empêchera les guerres !

Cultivateurs, songez-y bien ! ne détruisez pas la République française, et préparez la paix européenne en envoyant à la Chambre prochaine rien que des députés républicains !

DU MÊME AUTEUR :

HISTOIRE

DE LA

BRETAGNE RÉPUBLICAINE

DEPUIS 1789 JUSQU'A NOS JOURS

Un beau volume de 400 pages in-8° (nouveau tirage)

A. LEMERRE, ÉDITEUR
27-29, PASSAGE CHOISEUL, 27-29
Paris. — Prix : 5 fr.

Pour les électeurs du Finistère, des Côtes-du-Nord, de l'Ille-et-Vilaine, de la Loire-Inférieure et du Morbihan, prix de propagande 1 fr. 25 au lieu de 5 fr.; franco par la poste : 1 fr. 85.

Vingt exemplaires en port dû par chemin de fer et correspondances : 25 fr.

Adresser les commandes à l'auteur, à *Kerentrech*, près LORIENT (Morbihan).

CE QUE VEULENT LES RÉPUBLICAINS, prix 10 c., le cent. 8 fr., le mille 60 fr. — Le port en sus.

Imprimerie D. BARDIN, à Saint-Germain.